Al aire libre
בחוץ

Diccionario ilustrado bilingüe para niños

Español-Hebreo

Richard Carlson

The author would like to thank the translators for their help.

Parque

גן ציבורי

Calle

רחוב

Parque de diversions
גן שעשועים

Jardín de juegos

גן משחקים

Bosque

יַעַר

Lago

אגם

Granja

חַוָּה

Zoológico

גן חיות

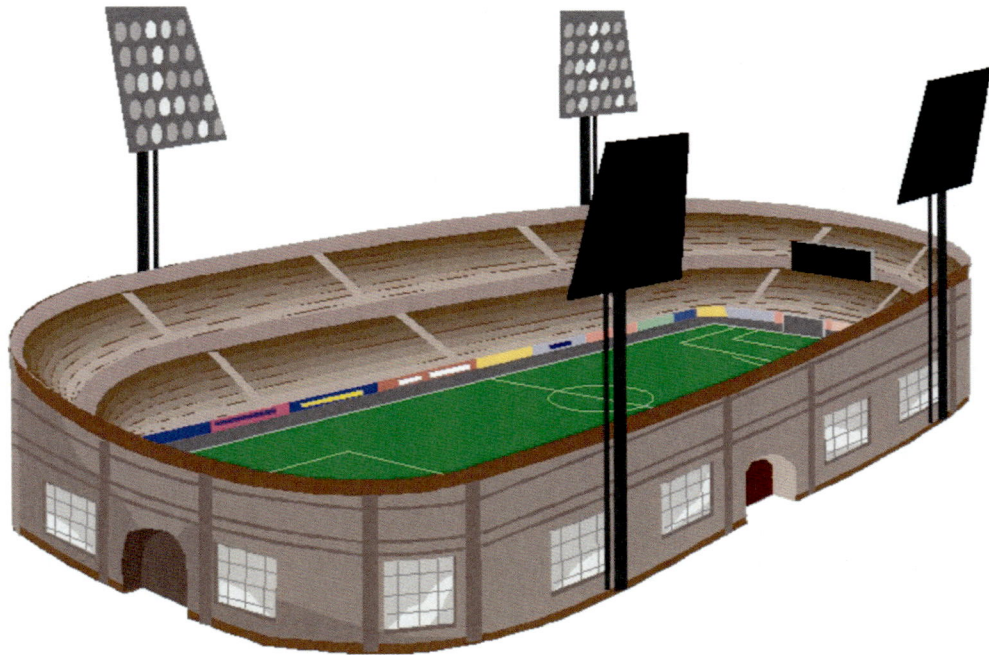

Estadio

איצטדיון

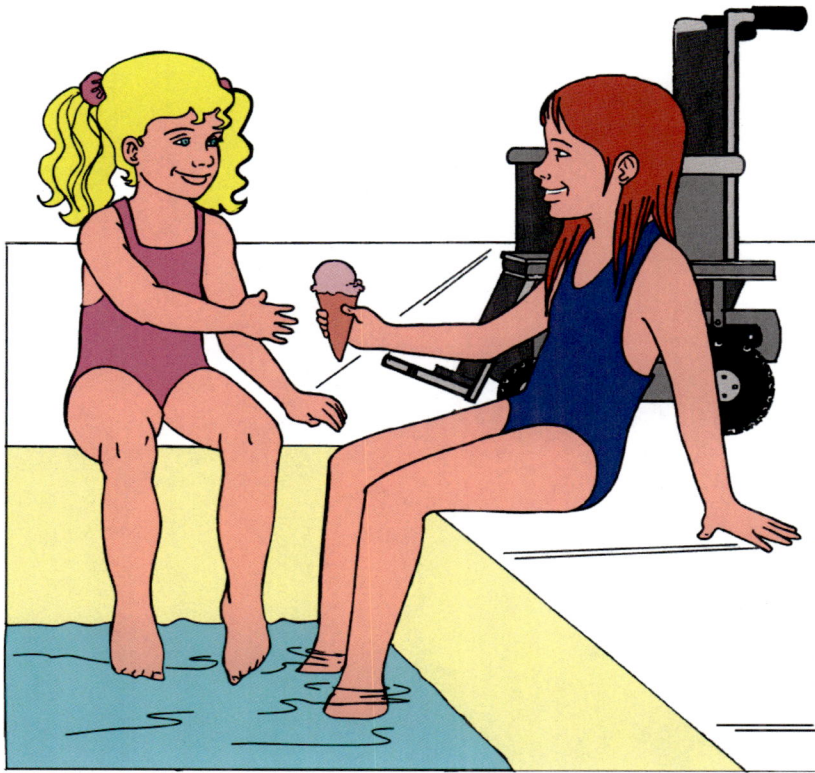

Piscina

בריכה

Montaña

הר

Desierto

מדבר

Océano

אוקיינוס

Playa

חוף

Cascada

מפל

Río
נחל

Cueva

מערה

Espacio exterior
החלל החיצון

Conoce lugares al aire libre con este diccionario ilustrado bilingüe para niños.

Acerca del autor: Richard Carlson Jr. escribe libros infantiles y romances juveniles. Puedes leer más sobre él en www.richardcarlson.com.